Désaccord au corps

Je suis devenue Ana

Odile Pastre Beaubeau

Désaccord au corps

Je suis devenue Ana

© 2020 Odile Pastre Beaubeau
Éditeur : BoD-Books on Demand
12-14 rond-point des Champs-Élysées, 75008 Paris
Impression : Books on Demand, Norderstedt, Allemagne

ISBN : 978-2-3222-2207-0
Dépôt légal : Mai 2020

Aux frères, aux amis, un peu à moi-même

J'ai commencé mon histoire un mercredi,
le 5 février 2020, à Pau dans mon appart au 7ème

I

Il était une fois,

Ouep, il était une fois, rien n'est sûr sur cette planette, un mec naquit.

Ouep, ça c'est sûr, il naquit, dans une ville du Sud de la France, je ne pourrais pas vous la décrire. Par contre ce que je pourrais vous décrire, c'est l'endroit où il passa les premières années de sa vie.

Imaginons une rue de Marseille, une de celles où les immeubles sont tellement serrés que l'on aperçoit à peine le soleil. Une rue qui sent la pisse, le safran vendu par l'épicier du coin, et le latex d'un magasin de ballons de baudruche voisin.

On s'arrête devant une porte, on la passe et on s'engage dans une cage d'escalier vétuste. On arrive alors devant l'entrée d'un appartement. Si on regarde en-dessous de cette entrée, dans le petit espace créé par l'écart entre la porte et le sol, on peut voir des yeux d'enfant. Si on stoppe son ascension et que l'on tend l'oreille, je suis sûre qu'on pourrait même entendre une petite main essayer d'atteindre la poignée.

Mais du bruit derrière coupe court à toute tentative d'approfondissement. Une dame maigre, au visage creusé et à l'âge indéfinissable, monte l'escalier à pas lents, les marches serrées et inégales ralentissant sa marche. Elle a dans sa main une poche en plastique de chez l'épicier de laquelle dépasse une bouteille de cola.

Ce qui n'a sûrement pas échappé aux petits yeux sous la porte.

Un autre jour, même bâtiment, même porte avec du jour en-dessous.

Bruit de sèche-cheveux et d'une télévision cathodique grésillant ses fatalités. Une boite tombe dans le salon où la lumière filtre à travers les rideaux crasseux, et des punaises roulent sur le sol, comme des billes. Le sèche-cheveux souffle, l'enfant regarde les ronds colorés sauter hors de la boite qui vient de lui échapper des mains. C'est amusant toutes ces couleurs, mais il faut vite les ramasser avant que la mère ne remarque la bêtise.

Une douleur dans le pied. Vilaines couleurs, qui eut cru que ces petites choses soient si agressives. L'une d'elle s'agrippe fermement dans le pied de l'enfant. Pas le choix, il faut aller la voir.

Elle est devant le miroir, la lumière blanche et crue du néon lui donne un profil terrible. L'enfant attrape son pied dans sa main et montre l'objet de souffrance, la couleur fautive. Le sèche-cheveux souffle, le regard de la mère descend vers cette soudaine distraction mais impassible, la mère reprend son occupation première.

Il ne reste qu'à rebrousser chemin vers le canapé, seul maître de la pièce, silencieux spectateur des fatalités grésillantes et des couleurs dans le pied de l'enfant.

****

C'est con, j'ai à peine commencé cette histoire que je ne suis plus là pour la continuer. Le 15 mars 2020, j'ai décidé de ne pas voir le jour se lever ni les jours suivants. J'ai tiré le rideau du théâtre de ma vie. Je n'ai entendu aucun applaudissement mais un sifflement assourdissant dans les oreilles...

Je confie donc mon histoire à Odile, une amie d'en bas. Elle n'a pas toujours tout compris car pour me comprendre, il aurait fallu être moi mais elle sera je pense assez fidèle à ce que je suis, enfin à ce que j'étais.

****

II

Vous l'aurez deviné, la mère n'était pas du genre bienveillant. Il valait mieux ne pas broncher et se faire oublier sous peine de me retrouver étouffé sous l'oreiller ou d'avoir les chevilles liées au pied du lit...

J'avais à peine quatre ans lorsque la brigade de protection des mineurs m'a enlevé pour me placer dans un foyer de l'enfance. Le point commun avec ma rue, c'était l'odeur de pisse, imprégnée dans le matelas. Des personnes sont venues me chercher et m'ont emmené dans leur maison. C'était ma première famille d'accueil, une femme et un homme d'une cinquantaine d'années, plutôt ancienne génération. Des adultes au cœur endurci, à mille lieux de l'enfance. Élevés à la dure dans les années 1940 à 1960, ils ont perpétué ce qu'ils ont eux-mêmes vécus : jugements, humiliations, absence de gestes d'affection.

J'étais pourtant un enfant discret, curieux, intelligent mais j'avais en moi un creux, une sorte de trou béant qui me tétanisait, je me sentais seul dans une vastitude de glace. J'ai eu mes moments d'insouciance et de joie mais ils ont toujours finis avalés par ce trou en moi, insatiable.

Je voyais ma mère environ une heure par mois dans un foyer. J'ai pu me rendre compte au fil des années de son état psychique misérable, une pauvre femme. Je n'ai pas connu sa langue natale mais le lien du sang était quand même pour moi une réalité, au moins par ma couleur de peau et mes cheveux noirs, désespérément frisés. Ma mère a mis au monde, quatre ans après moi, un autre enfant, Badis, qui a été placé en famille d'accueil quelques jours après sa naissance. Malgré les rencontres organisées avec mon demi-frère, je n'ai pas su ou pu en grandissant jouer le rôle de grand frère qui était sans doute attendu de moi.

Les vacances, nous partions chez la fille de ma famille d'accueil. C'était cool, je retrouvais ma pote Julie, on jouait ensemble des heures durant, courant et nous cachant dans les champs et les bois environnants. Cependant, je ressentais une douleur sourde dans ma poitrine quand je constatais que mon assistante familiale était capable d'affection pour Julie. Pourquoi moi ne méritais-je pas ces mots et gestes de tendresse ? Une fois, je m'étais risqué à poser la question et la réponse a été pour moi comme une condamnation : Julie était leur petite fille et moi j'étais l'enfant dont ils s'occupaient. D'un côté il y avait l'assistante familiale sévère, intransigeante qui considérait que son métier devait être étanche à tout attachement ou vie affective et de l'autre une mamie émerveillée et attentive.

J'ai compris donc assez tôt que je n'avais pas de valeur à leurs yeux. D'ailleurs j'entendais constamment des remontrances du style « tu ne fais pas d'effort », « tu es paresseux ». Moi j'aimais jouer, j'aimais observer les insectes, j'aimais sentir l'air marin et me baigner dans l'eau fraiche et j'aimais beaucoup lire. J'ai passé des heures à lire des fictions en tout genre. La lecture m'aidait à m'évader et grandir. Le livre « Vendredi ou les limbes du Pacifique » m'a tellement plu que j'ai choisi le pseudo Vendredi sur mon compte utilisateur de PC et sur Discord, la plateforme de discussions en ligne. Vendredi, c'est « le sauvage » qui métamorphose Robinson, l'homme dit « civilisé ». J'aurais pu aussi choisir le pseudo « Le loup des steppes » en référence à l'ouvrage d'Hermann Hess car je me suis souvent senti aussi solitaire et incompris que le protagoniste de l'histoire.

Quelques fois, il m'arrivait de ramener à la maison des petits objets de mes potes, sans penser à mal, mais la sentence tombait comme un couperet : « tu es un voleur » « tu seras puni ». À partir de ce moment là, j'ai été comme sous surveillance. Il fallait ruser pour échapper à l'œil de Moscou. De ce fait, je suis devenu « un menteur » « un pervers » mais moi je voulais juste échapper aux engueulades et aux punitions. Cette tendance au vol de petits objets m'a accompagné toute ma courte vie mais je pense qu'en réalité, c'était une histoire de compensation de mon manque affectif. J'espère au moins que les gens n'ont pas manqué de ce que j'ai pu emporter.

Mon assistante familiale avait une aversion pour la saleté. Il fallait toujours que la maison soit nickel chrome, rangée comme un musée. Tout grain de sable ou de terre était un ennemi à traquer. Une fois, j'ai subi une raclée rêche et cuisante car en rentrant de l'école j'ai eu le malheur de poser mon classeur parterre pour montrer quelque chose à mon pote de classe.

À l'inverse, je me souviens d'une fois où j'ai pu vraiment respirer. Mon assistante familiale avait eu la bonne idée de se faire opérer des paupières. Elle avait dû garder les yeux fermés pendant plusieurs jours.
Le rêve !

Avec tout ça, je suis arrivé à l'âge de la préadolescence avec une piètre estime de moi-même. Je me croyais mauvais. J'ai toujours eu du mal à me distancier de ce jugement.

Pour me sauver de la noirceur j'ai quand même eu de bons potes de classe mais surtout j'ai trouvé une famille aux « éclés », les Éclaireurs de France. Une belle équipe avec Isaac et Antonin et nos animateurs préférés, Quentin et Francky. Nous étions espiègles et astucieux et dans ce domaine, je prenais souvent l'avantage sur les autres ! J'ai vraiment kiffé vivre dans la nature des expériences d'inconfort et d'endurance physique mais surtout de liberté et de joie. Nous étions des scouts laïcs et fiers de l'être. Le jour de la totémisation reste un moment inoubliable car j'ai vraiment eu le sentiment que nos amitiés étaient scellées pour la vie. J'étais Hanuman, un dieu-singe assez fort pour soulever des montagnes et tuer des démons.

III

Quand j'ai eu 14 ans, mon assistante familiale a décidé de prendre sa retraite. Il valait peut-être mieux ainsi. Cependant, j'aimais bien la maison et la petite ville de Sausset les Pins. J'avais tous mes potes de classe, mon skatepark, la mer à l'horizon. Quel déchirement ! J'étais à présent placé dans une autre famille d'accueil à quinze kilomètres des mes amis, près d'un étang qui puait. Je me sentais comme déraciné, hors sol et le creux à l'intérieur s'élargissait et tentait de m'aspirer.

Cette nouvelle famille était beaucoup plus cool, j'avais un PC dans ma chambre et je pouvais jouer aux jeux vidéo, c'était top ! Par contre, j'avais du mal à me faire à mon nouveau collège. Il y avait des mecs qui me cherchaient des embrouilles.

J'aurais voulu faire un bac pro Systèmes numériques et entrer dans l'armée mais j'ai été dissuadé à cause de mon daltonisme, au cas où j'aurais été incapable de reconnaître la couleur des fils électriques... Je me suis retrouvé en Industries chimiques, à manipuler des produits à l'odeur nauséabonde.

Heureusement, je retrouvais toujours mes frères Éclés un week-end par mois, la moitié des vacances d'été et aussi à Marseille pour partager des sons, rapper et même taguer à l'occasion. Nous formions un crew, un groupe de graffeurs. Notre signature, c'était

SKP. J'ai toujours aimé associer mon nom TEKER ou REKET à celui de mon crew. REKET pour requête ou à l'envers TEKER pour t'es écœuré avec SKP escapé pour échappé. Ces noms faisaient écho à mon malaise intérieur qui grandissait.

À 17 ans, j'ai accepté de faire un apprentissage dans la vente. Je me suis retrouvé dans une boutique de souvenirs sur le quai du Port de Marseille. Pour faciliter les transports, j'ai quitté la famille d'accueil pour regagner la Maison d'Enfants « l'Abri », une structure où je créchais avec d'autres jeunes en semi autonomie. J'en ai eu assez de cet apprentissage, ça ne m'intéressait pas de vendre tout un tas de babioles à des touristes. J'ai laissé tomber, je me suis SKP !

Quelques jours plus tard, une bande de petits cons m'a cassé la gueule pour me voler mon skate à la sortie de la station Baille, à 300 mètres du foyer. J'ai quand même eu la mâchoire cassée et la pose de plaques qui m'ont fait souffrir par la suite.

La vie à Marseille m'a permis d'avoir facilement accès à toutes sortes de drogues. J'avais l'impression de n'avoir rien à perdre et j'ai essayé un tas de produits, pour faire mes expériences. J'ai participé à des free party, ces teufs illégales en pleine nature où la musique électronique crache non-stop.

J'ai vécu des moments extra, j'avais le sentiment d'aimer tout le monde, de développer des perceptions extrasensorielles, de devenir extralucide et d'atteindre un état de bien-être total. Mais j'ai aussi connu des mauvais délires. J'avais l'impression que les gens autour de moi étaient malveillants, qu'ils pensaient mal de moi, que leurs rires étaient des moqueries dirigées contre moi. J'avais la sensation qu'ils pouvaient lire dans mes propres pensées alors que j'avais quelque chose à cacher au fond de moi, quelque chose qui me troublait et que j'avais de plus en plus de mal à refouler. Une fois, j'ai quitté une free party complètement paniqué. J'ai fui sans récupérer mon sac, comme si ma vie était en jeu. C'est à ce moment là que j'ai pris la décision de quitter Marseille pour rejoindre Francky et François en Lozère, animateurs des Éclés.

À cette époque, j'écrivais des textes et je rappais *ma vie brûle, ma vie croule, pas de famille, juste le crew, casse tête infernal, j'ai plus ma tête et ça fait mal. Écoute ça man, mon cœur émane sans un ram d'caisse claire ou d'cymbale (...) la médisance ne fera pas le poids contre ma méditranse translucide, je suis translucide (...) du nid douillet, j'passe au duvet, solitude en guise d'amie, mélancolie pour compagnie (...)*

Ces bad trips m'ont hanté pas mal de temps. Je me sentais aussi vulnérable qu'un oiseau blessé en plein vol. J'ai lutté pour faire taire le jugement de mes voix intérieures et j'ai réussi, peut-être grâce à l'aide d'Hanuman ! Cependant, une fois les démons vaincus, ce que je tentais de cacher au fond de moi revenait à la surface de plus en plus régulièrement. J'avais l'impression de me penser femme. Je me disais que c'était impossible mais j'ai réalisé que je contrôlais constamment les accords de participes passés et d'adjectifs. En fait, naturellement, j'aurais opté pour le genre féminin. Je me suis souvenu qu'enfant, j'avais déjà pensé que j'étais une fille mais à chaque fois, j'avais balayé cette idée sans y prêter attention. Cette prise de conscience me perturbait et je me défendais en adoptant des attitudes masculines encore plus prononcées. En fait, je réalisais que je pensais et j'agissais en fonction de ce que les autres attendaient de moi, en tant que mec. Je me rendais compte que ma façon d'être, développée depuis des années, ne me correspondait pas.

Je me suis documenté et j'ai appris que je n'étais pas atteint d'une maladie mentale. Par contre, je souffrais d'une dysphorie de genre c'est-à-dire que j'étais en détresse totale par rapport à mon identité sexuelle. Je me suis posé beaucoup de questions. Je me suis demandé si j'étais gay ou travesti ou transgenre mais en réalité j'avais juste envie d'être moi-même, c'est-à-dire une femme.

En Lozère, j'ai fait un peu de taf, j'effectuais des petits travaux agricoles. Avec Francky, je m'occupais des chevaux et des brebis mais je n'étais pas intéressé et j'avais tellement la flemme. Je passais de plus en plus de temps dans ma chambre, dans ma grotte comme disaient les potes. Je jouais aux jeux vidéo autant que je pouvais. Je voyais mes progrès dans ce domaine, j'avais un certain talent de gamer. J'étais capable de rester concentré dans n'importe quelle situation, souvent à redonner la patate après une défaite. Et puis au moins je ne pensais plus à toutes ces histoires de genre qui me préoccupaient.

J'avais de plus en plus de mal à me lever d'autant que je passais mes nuits à jouer. Mais aussi, je sentais un grand découragement car je me disais que je ne pourrais jamais être ce que je pensais être. Je n'avais plus envie de me lever et de voir ma face de mec dans la glace, d'entendre ma voix grave de mec et d'être face aux autres qui me considéraient comme un mec. Par contre, j'avais le sentiment que si j'arrivais à m'assumer, je pourrais trouver ma place sur Terre.

À ce stade de l'histoire, je vais pouvoir m'accorder au genre féminin car je fais confiance à votre empathie. J'ai commencé à m'acheter des vêtements féminins. Je les enfilais seule dans ma chambre. En fait, j'évitais au maximum les colocs et les amis car je ne voulais pas voir leurs regards gênés ou leurs sourires en coin. Je me suis de plus en plus isolée, je sortais de ma grotte la nuit lorsque tout le monde dormait. J'étais aussi de plus en plus angoissée car j'allais être en fin de droits et je n'aurais bientôt plus de quoi me loger et me nourrir. J'avais l'impression d'être en chute libre à l'intérieur de mon trou béant. Je n'avais plus rien à quoi me raccrocher. J'ai appelé à l'aide et j'ai commencé un suivi au CMP de Florac.

Moi, je voulais juste être une femme, maquillée ou pas, je m'en fichais. Mon problème c'était ce qu'il y avait entre mes jambes, ça ne me servait à rien. Ma silhouette était plutôt féminine car j'étais fluette, 47 kg pour 1 m 75. Mes traits étaient fins. Par contre, ma pilosité abondante était un vrai calvaire et je devais passer des heures à m'épiler le visage. Je sentais que pour continuer ma vie, je n'avais pas d'autre choix que de passer par une transition.

Je me suis informée sur toutes les démarches à effectuer pour parvenir à faire une transition prise en charge par la sécu. Il fallait que je quitte Florac, que je m'installe incognito dans une ville pour avancer plus facilement dans mon projet de transition.

Mon amie Odile m'a proposé de venir chez-elle, le temps d'avoir une autonomie financière. Comme une de mes angoisses était de finir à la rue et que j'espérais son soutien dans mon projet, j'ai accepté la proposition. Mon arrivée chez mon amie a été compliquée car j'étais au fond de mon trou intérieur et mon instinct de survie était en position off : plus envie de voir le jour, plus envie de manger, plus envie d'entendre ma voix, plus envie qu'on m'appelle par mon prénom de mec. J'ai beaucoup dormi mais parfois je m'obligeais à rester dans mon lit car je ne voulais voir personne. Mon amie passait du temps à mon chevet comme auprès d'un enfant malade. Elle était inquiète et se posait des questions sur mon état. Alors un jour, j'ai pris mon courage et j'ai décidé de m'affirmer.

IV

Il était deux fois sur cette planète, mais pas plus sûre que la première, Ana naquit.

J'ai expliqué que pour m'aider à aller mieux, je voulais être appelée Ana. J'admets qu'au lever du lit, avec mes cheveux hirsutes, ma barbe naissante et mon pyjama à carreaux violets, c'était sûrement un peu rock-n-roll de m'appeler Ana. D'ailleurs je ne l'ai pas souvent entendu de sa bouche mais au moins elle a arrêté de m'appeler par mon prénom de mec.

Dans mes bons jours j'enfilais mes vêtements féminins et ma poitrine. Je mettais même parfois un peu de couleur sur mon visage et ça me faisait un bien fou. J'avais le sentiment de m'écouter enfin et de prendre soin de moi. Dans les mauvais jours, je me disais à quoi bon, je laissais la nature reprendre le dessus et me couvrir de poils. Une oscillation permanente entre l'espoir de devenir ce que j'étais à l'intérieur et un découragement profond face aux lois de la nature.

Je me suis armée de patience et j'ai commencé mon parcours de transition. La première étape, c'était d'obtenir d'un médecin généraliste la demande d'ALD 31. J'ai été suffisamment convaincante et le médecin suffisamment ouvert d'esprit car il a accepté d'effectuer la demande alors qu'il ne connaissait ni ma personne ni le protocole. Quelques jours après le rendez-vous, l'accord était donné. La deuxième étape c'était d'avoir un suivi psy. L'association AIDES à Pau m'a remis les coordonnées d'une psychiatre spécialisée dans les transitions. Elle était vraiment sympa, j'aimais bien m'y rendre. Cette psy m'a mise en relation avec l'équipe du programme transgender de la SOFECT à Bordeaux. Je m'y suis rendue régulièrement pour des consultations ou des examens médicaux et environ un an après j'ai pu commencer mon traitement hormonal féminisant.

Mes potes de Marseille me manquaient et j'ai eu envie de passer le réveillon du nouvel an avec eux. Ils étaient au courant de mon projet de transition. J'ai emporté avec moi ma robe de soirée, mes talons hauts et ma trousse à maquillage. J'ai passé une super soirée. Ils m'ont acceptée telle que j'étais et m'ont appelée Ana sans difficulté. Quentin, mon grand frère de cœur m'a même trouvé belle. Vraiment merci à vous les potes pour votre fidélité et votre amitié.

Chez mon amie Odile vivait son homme qui a projeté sur moi tout un tas de préjugés et de pensées négatives. La cohabitation a bien failli tourner au drame. Heureusement, j'ai pu bénéficier d'allocations de la CAF et emménager dans mon premier appart, au 7ème.

Là, j'ai eu le sentiment de commencer une nouvelle vie. Au début, je n'avais toujours pas envie de sortir mais au moins je laissais entrer le soleil par la baie vitrée. Mon appart était même agrémenté d'une terrasse que certains considéraient comme un balcon. Je m'y sentais bien.

Comme je m'y connaissais en informatique, j'ai pu monter mon propre ordinateur de gamer, équipé d'un micro et d'une caméra. À bas les complexes ! J'assumais de plus en plus mon physique et ma nouvelle voix féminine.

J'ai repris contact avec un bon pote de classe de Sausset les Pins et heureuse coïncidence, il était étudiant à l'école d'ingénieurs en informatique à Pau. Nous nous sommes revus et le feeling est de suite passé. Il venait me voir de temps en temps et j'aimais nos échanges même si nos avis divergeaient parfois. Je me sentais en confiance et sa bienveillance me permettait d'être authentique. Il a réveillé ma curiosité et la vie qui dormaient en moi. Je me sentais prête à m'ouvrir aux autres. Je m'étais inscrite sur un site de rencontres et je sortais de temps en temps le soir ou recevais chez-moi. J'avais quand même besoin d'un peu d'alcool pour me sentir plus à l'aise dans la relation et comme ma tolérance à l'alcool était limitée, je ne finissais pas toujours très bien…

Je me rendais compte au quotidien que je réussissais mon passing car les gens n'avaient aucune hésitation à m'appeler Madame. Mon programme pour ma transition se précisait. J'allais pouvoir commencer l'épilation laser et les opérations étaient envisagées l'année suivante. Je retrouvais la joie de vivre.

Un jour, j'ai ressenti que mon creux à l'intérieur se remplissait de chaleur. Je n'ai pas de suite compris mais au fil des jours, un amour incroyable s'est mis à palpiter en moi. Toute la glace avait fondu. Je me sentais folle amoureuse de ce pote de toujours et je ne pouvais le cacher. J'ai pris le risque de lui révéler mes sentiments. Il n'a pas semblé mal à l'aise, son attitude était bienveillante mais il m'a expliqué qu'il n'y aurait rien d'autre entre nous que de l'amitié. Sur le moment je l'ai bien compris mais au fond de moi, je gardais espoir.

Cependant, une journée sans nouvelle de lui et je me sentais triste à mourir mais le pire c'était le venin de la jalousie qui commençait à me ronger, à cause de cette fille si magnifique avec laquelle il couchait. Aucune chance de rivaliser.

Mon cœur s'est emballé et j'ai perdu le contrôle.

J'ai préféré lâcher-prise mais de manière radicale et définitive. J'en ai eu assez, assez de souffrir, assez de ce manque d'amour jamais comblé. J'ai peut-être anéanti tous mes efforts en un rien de temps mais j'ai arrêté de croire que j'avais quoi que ce soit à faire ici-bas. J'ai plusieurs fois voulu mourir mais cette fois, j'étais déterminée. Pardon aux uns et aux autres, à mes amis, ma mère et mon frère. Ciao les potes. Une vie courte mais bien remplie. Ciao, bisous.

PS : le premier qui m'appelle « il », je viendrai le hanter très fort. Et cramez-moi, une moitié des cendres dans le désert, l'autre au bord d'une plage genre bar à rhum.

Postface

Les passages en italique ont été écrits par Ana. Poursuivre l'écriture de son histoire est venu d'une sorte de refus de l'inachevé, de lutte avec la mort et de la nécessité de brandir autour d'Ana lumière et amour.

Elle restera dans mon cœur une personnalité complexe, hors normes, à la fois candide et rebelle, courageuse et fragile qui cherchait à être vraie. Elle avait de l'empathie pour tous ceux qui sont dans la galère, pour tous les enfants qui souffrent et elle aurait voulu contribuer à plus de justice sur cette Terre.

Ana n'avait pas évoqué sa position par rapport au don d'organes mais nous les amis étions certains qu'elle aurait été favorable. Sa mère a également donné son accord. Ainsi des petites parties d'Ana, ses poumons, son foie et son cœur palpitent encore aujourd'hui dans le corps de trois jeunes personnes qui se portent bien.

Remerciements

Je remercie Claire Sibille, auteure et psychothérapeute qui a été un soutien dans l'élaboration de ce petit livre, Manuel Ortiz pour le portrait dessiné d'Ana et Julie Beaubeau pour le portrait peint.

****

Les bénéfices issus de la vente des livres seront reversés à la Fondation Le Refuge qui héberge et accompagne des jeunes majeurs rejetés par leur famille en raison de leur homosexualité ou de leur transidentité.